Volker Remy

Der Imperator
im Damensattel

Dein täglicher Triumph

D1666915

1. Auflage
© 2009 Graco Verlag Berlin

Gestaltung: Rolf Bremer, Graco-Berlin
Lektorat: Marion Reuter
Druck: Pinguin Druck Berlin

ISBN 978-3-00-022873-5

www.graco-verlag.de

intro

Die Kinder kommen aus dem Zoo zurück.
Gefragt, wie es ihnen gefallen habe, sagten sie:
„Fein, aber der Wärter hat geschimpft."
„Warum hat er denn geschimpft?"
„Weil wir den Tiger gekrault haben."

Ernst Jünger, „Sgraffiti"

„Chérie...,
wie geht es dir?"

„Die Milliarde" hat etwas sehr Beruhigendes, etwas
Sanftes sogar. Sie unterstreicht die Gewissheit, dass
es hinter den Millionen weitergeht, dass niemand
wegen ein paar Millionen zusammenbrechen muss,
dass eine Steigerung nicht mehr automatisch die
Intensivierung des Schmerzes bedeutet – ja, dass
am Ende „Die Milliarde" als Trost und Belohnung
wartet.
Danke, Milliarde! Du bist jetzt meine beste Freundin.

Es muss ein sonniger Sonnabendnachmittag ge-
wesen sein, als wir uns das erste Mal begegneten.
Ich war auf dem Winterfeldtmarkt unterwegs, um
zwei Thunfischsteaks, Schalotten, ein Sträußchen
Thymian, einen Kanten durchwachsenen Speck,
frische Pfifferlinge, zwei Ciabatta und zweihundert
Gramm Wildschweinsalami zu besorgen. Als ich die
Wurst in meine Tasche steckte, sah ich dich zum
ersten Mal.

„Die Milliarde" stand auf dem gegenüberliegenden Gehweg, direkt vor einer Kneipe, in der Schwarzafrikaner und Weißberlinerinnen verkehren. Sie hatte sich als Laptopautistin verkleidet. Ein alter Bekannter, der täglich mit Milliarden in Berührung kam, hatte sie mir vor geraumer Zeit beschrieben und mich davor gewarnt, „Die Milliarde" jemals direkt anzusprechen – wenn sie mir denn einmal über den Weg laufen sollte. Er hatte schreckliche Dinge über sie gehört und war ihr noch nie persönlich begegnet.

Ich ließ mir nichts anmerken. Behutsam schritt ich nach rechts und verharrte unter der Markise eines Gewürzhändlers. Elektrisiert schaute ich auf das Geschehen gegenüber. Eine Kellnerin trat jetzt aus der Türe und servierte der Milliarde einen Macchiato. Bis heute ist mir schleierhaft, wie sie mich mitten im Gewusel ausmachte. Ihre Blicke und schließlich der Wink ihres kleinen Fingers enttarnten mich. Sie hatte mich bemerkt. Ich folgte der diskreten Einladung und schon bald saßen wir in aufgeräumter Stimmung beieinander und frühstückten meine Wildschweinsalami und eines der Ciabattas. Bei aller Geselligkeit, war ich unter dem Film meiner Bodylotion in Ehrfurcht erstarrt. Von all diesen Menschen hier war ich es, der sie erkannt und den sie sich als einen würdigen Gesprächspartner auserkoren hatte.

Wir lachten viel, wie es Leute in TV-Spots für Banken oder Versicherungen tun, schlenderten kichernd über den Markt, dann entlang der Winterfeldtstraße, vorbei an den Antiquariaten, wo sie ab und zu stehen blieb, um in Auslagen zu stöbern. Bei gewecktem Interesse entschwand sie für kurze Zeit in eine der Büchergruften und kam freudestrahlend wieder heraus. Ich bemerkte, dass sie sich für historische Kochanleitungen interessierte. So erwarb sie beispielsweise eine merkwürdige Abhandlung über den Fang und das Ausweiden von Feldhasen und deren Zubereitung kurz vor dem Einsetzen der Verwesung. Es war das Faksimile eines französischen Kochbuchs aus dem Jahr 1789, verfasst von einem aufrührerischen Abbé, der es einem Landadligen widmete. Der Eintrag lautete: *„Spring noch einmal, kleiner Hase, aber bleib' im Topf!"*

Wir zogen noch oft um die Häuser, tranken viele Wodka Thais und kamen uns dabei immer näher. Viele Stunden verbrachten wir in Cocktailbars, und mir fiel auf, dass du nie Geld dabei hattest. Und nach einem Achtgängemenü in einem überzüchteten Restaurant hast du einfach Insolvenz angemeldet, als die Rechnung kam. Deine Gegenwart beglückte mich. Unsere Gespräche waren von einer heiteren Seichtheit, deren Tiefe mir den Sinn deiner

Existenz peu à peu erschloss. Die Eleganz deiner Sätze, die grazilen Wendungen der undurchdachten Antworten und Fragen, all dies bereicherte mich und bestrahlte mich mit Endorphinen. Ab und zu fragte ich mich, woher du deine unzerstörbar gute Laune nimmst. Doch ich war in deine Rätselhaftigkeit verliebt – nicht neugierig, wer du wirklich bist. Hinter deiner bestrickenden Unscheinbarkeit musste etwas sehr Großes stehen, etwas, das man besser nicht auf einmal in den Mund nimmt. Und du sagtest: „Wer nicht fragt, bekommt die meisten Antworten."

Gerne erinnere ich mich an unseren Besuch in einem Kiosk, wo du vierundsechzig Lottoscheine ausgefüllt hast und einen Heidenspaß hattest, als die Dame hinterm Tresen lachend rief: „Dett jibbt doodsicher 'ne Million!" Du warst außer dir bei der Vorstellung, bald Millionärin zu sein. Ich muss gestehen, dass diese Option zu den wirklich komischen Dingen im Leben zählen muss. Zumindest für die meisten Menschen mit einem großen „D" für „Dispo" auf dem Nummernschild.

Besondere Ehre wurde mir zuteil, als du mich zu dir nach Hause eingeladen hast. Du hattest dir 2005 für vierzigtausend Euro eine neue Küche gekauft. Du hattest sie nie benutzt. Es duftete nach guten Zutaten. Im Speisezimmer war ein Tisch für zwei gedeckt. Du kamst mir in einer schwarzen Kochschürze entgegen, gabst mir Küsschen auf die Wangen, und ein wenig befangen überreichte ich mein Geschenk, einen Vin de Pays aus der Dordogne. Deine Leidenschaft für die einfachen Dinge des Lebens brachte mich in Verlegenheit.

Als Hors d'œuvre gab es Tartar aus Vorstandssekretärinnen, der Teller war im Stil eines Konferenzraums dekoriert. In deinem Umluftherd drehten sich drei Börsen auf dem Grill. Du hattest durchwachsene Makler mit einer Süßsenfmarinade eingepinselt und ihnen mit einer Currytinktur zarte Nadelstreifen verabreicht. Auf dem großen Ceranfeld pfiff ein Dampfdrucktopf, der aussah wie ein Atomkraftwerk. Aus seinem Innern drangen Schreie von Absolventen der European Business School – sie klangen ganz fern, wie Ruffetzen eines Bergführers, der einer weit entfernten Slalomgruppe die letzte Ölung gibt, bevor sich das Schneebrett schließlich auf den Weg zum Kamin der Après-Skihütte macht.

Als Hauptgang kamen zarte Scheiben vom Kobe-Vorstandsrind an Put-and-Call-Püree, unterlegt mit trockenen Penny-Stock-Kräutern, überzogen mit einem leichten Derivateschleier aus dem Nachlass von Parkett-Suiziden in Moskau und Kuala Lumpur. Vom leicht ansteigenden Tellerrand zerlief ein würziger Gewinnmitnahme-Fond und schickte sich an, unter den Scheiben des Kobe-Vorstandsrinds zu verschwinden. Ein Hauch Exotik durchwehte den Raum. Zum Dessert gab es eine wundervolle Crème de Baisse. Bei der Auswahl des Weins hast du dich einmal mehr übertroffen. Nachdem wir meinen Dordogne zum Hors d'œuvre geleert hatten, fiel zum Hauptgang deine Wahl auf einen Rheingau-Riesling. Ein alter Port unterspülte uns schließlich die Baisse. Er löste eine echte Hausse auf den guten Abgang aus; wir waren beide überrascht.

Es folgten noch ein paar aufregende Wochen, bis zu dem Tag, als du dich offenbart hast. Mit geschäftsmäßiger Selbstverständlichkeit hast du deinen Abschied eingereicht. Unsere Zeit war abgelaufen. Die Frage nach dem Warum sparte ich mir. Ich war mir nie sicher, welche Macht du besitzt und welche Schrecken zu verbreiten du imstande warst. In deinem Wesen lag die Antwort auf eine Frage, die mir nicht einfiel.

Heute ist jede Dimension von dir gewichen – eine Zarin mit Monatskarte. Es gibt keine Kompensation für entschwundene Magie. Eine Sensation ist nicht der Anfang, sondern der Endpunkt. Nach dir kommt nichts Gescheites mehr, obwohl es die Begriffe gibt. Doch wie wir wissen, macht der Plural die Dinge nur noch schlimmer.

Nachdem du weg warst, wurde mir klar, wie gewöhnlich du bist – ja! – gewöhnlich. Ich bemerkte zum ersten Mal, dass das Gewöhnliche viel mehr Macht besitzt als das Ungewöhnliche. Es ist also genau umgekehrt. Aber dahin muss man es erst einmal bringen.

bericht zur lage der nation

Unsere Träume von einem Leben in der ersten Klasse werden bei 260 km/h durchs Zugfenster eines ICE verfilmt. Dafür kriegt jeder einen Bambi.

Schauen wir doch mal nach, was Mutti als Notproviant ins Handschuhfach gepackt hat: eine halbe Packung Tempos, ein kaputtes Kinderhandy, die Nebenkostenabrechnung vom letzten Jahr, ein Vanillewunderbäumchen, die letzte Mahnung der GEZ, fünf Strafzettel fürs Einkaufen in der Innenstadt, einen ausgelaufenen Parker-Kuli, eine Einladung zum Schnuppertag im evangelischen Kindergarten, eine leere Tic-Tac-Dose, einen Streifen Aral-Paybackmarken aus 2004, zwei Kassenbons von Lidl und einen Body-Shop-Gutschein für die Peppermint-Venencreme. Das war's. Damit kommt ihr nicht weit. Ist aber auch egal, denn ihr seid am Ziel. Ihr habt die Krise als Chance herausgeputzt. Jetzt heißt es: warten.

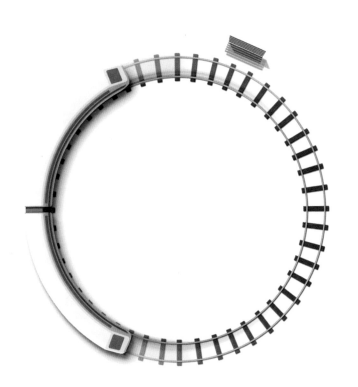

guter rat ist billig

Es gibt viele Menschen auf der Welt, die ein Problem haben

Menschen in allen möglichen Positionen, Menschen als Unternehmer, Menschen, die in einen Brunnen gefallen sind oder sich in Afrika verlaufen haben, aber auch Menschen, die im Panamakanal gegen einen Tanker geschwommen sind. Sie alle haben Probleme.

Die Meisten, die mich in den letzten 30 Jahren um Rat gefragt haben, waren Freunde und Bekannte. Auch ich frage sie manchmal um Rat. Es ist die normalste Sache der Welt. Um Rat fragen und Rat geben geschieht ganz nebenbei. Man kann es beim Spaziergang und Laufen erledigen, beim Cocktail oder während eines Abendessens. Es sieht immer gut aus, wenn zwei Menschen in einem Restaurant sitzen und sich angeregt unterhalten.

Ratschläge geben und erfragen versüßt das Leben. Es ist der Beweis, dass man Freunde hat und dass es Menschen gibt, die sich mit unseren Problemen beschäftigen – wann, wo und meistens sogar noch wie wir es wollen. Ich habe nie dafür zahlen müssen, wenn ich Freunde um Rat fragte, noch habe ich Freunden eine Rechnung hinterhergeschickt, wenn sie mir einen Ratschlag entlocken konnten. **Guter Rat ist billig – aber nicht wertlos. Es gibt nur keinen Preis dafür.**

Beratung ist etwas anderes als Ratgeben

Sie hat nichts mit Freundschaft zu tun und muss anständig bezahlt werden. Berater, die darüber klagen, nicht angemessen vergütet zu werden, haben ein unechtes Problem erwischt oder die Trennlinie zwischen Beratung und Ratschlag nicht gezogen. Wahrscheinlich beides. Viele freunden sich statt mit der Lösung mit der Perspektive des Probleminhabers an. Das führt zu nichts. Gute Berater bauen eine eigene Aussichtsplattform und schauen von oben auf den Irrgarten. Dort sehen sie ihre Auftraggeber lustwandeln. Sie sind oft Teil des gepflegten Problemgartens, nicht Teil der Lösung. Es wird schwer sein, es ihnen direkt zu sagen. Aber es muss ihnen bewusst werden. Sonst steigen sie nicht ins Boot.

Begriffsfrisöre sprechen gerne von „Aufgaben".
So springen sie vom Zehnmeterturm direkt aufs
Badelaken. Aber, bitte: Erst ins Wasser, dann an
Land gehen. Eine „Aufgabe" existiert wegen des
Problems, nicht umgekehrt. Man darf sogar wieder
„Problem" sagen, denn es geht nicht ohne Problem-
bewusstsein. Aber dieses Bewusstsein darf nicht bei
den Problemen der Vergangenheit und Gegenwart
verharren.

„... die Zukunft mit all ihren Veränderungen schafft
neue Möglichkeiten. Problemlöser (hingegen) beschäfti-
gen sich notwendigerweise mit der Vergangenheit."

John Naisbitt

Nicht jede Aufgabe ist auch gleich ein Problem. Es
gibt Aufgaben, die in fünfzehn Minuten gelöst sind.
Kreuzworträtsel zum Beispiel. Andere erst in fünf
Tagen. Echte Probleme beschäftigen uns bedeutend
länger, weil sie die Zukunft entscheiden. Sie sind
komplex, vor allem nicht trivial. Sie erfordern vielleicht den Einsatz unverhältnismäßiger Mittel. Und
sie schließen die Schaffung neuer Konstruktionen
ausdrücklich mit ein. Berater sind Konstrukteure
und befassen sich mit der Leuchtkraft der Zukunft.
Ratgeber polieren alten Lack.

gedankensplitter

"Why do tourists go to the top of tall buildings, and then put money in telescopes so they can see things on the ground in close-up?"

un bek

positionierung

Als ich ein Wurstbrot wollte, bestellte ich Kuchen und bekam einen Gutschein für Tatoos

Kontaktanzeige:

„... stehe besonders auf Blonde, das bedeutet aber nicht, dass andere keine Chance haben."

Wenn wir es unserer Phantasie überlassen zu sagen, was wir wollen, wird uns die Vernunft immer dazwischenfunken. Du suchst Blonde und malst dir mit Blonden ein schöneres Leben aus? Dann wird sich dein Verstand eine dunkle Perücke aufsetzen und sich zu Wort melden: „Du verpasst was, wenn du mich ignorierst!"

Auf der Suche nach Ausschöpfung aller Optionen scheitert meistens das Ziel an uns, nicht wir am Ziel. Alles zu bekommen ist eine Fiktion. Wäre es nicht klüger, gar keine Einschränkungen zu machen und aus der Flut der Zuschriften die Blonden rauszupicken? Das wäre schlau. Oder man geht den umgekehrten Weg und sagt klipp und klar, dass man nur Blonde sucht. Dann werden vielleicht weniger Zuschriften kommen, aber sie sind alle blond. Das wäre klug.

Man muss sich entscheiden, wenn man abends nicht alleine an der Bar sitzen will.

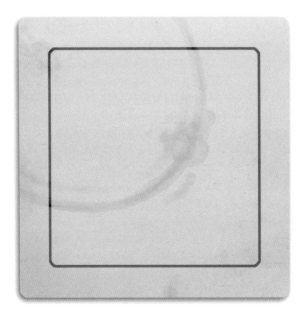

100(0) meisterwerke: „martina & george"

tüüü...tÜÜÜ...tü...tü....tÜÜÜÜÜ....tü....

Der Mittelteil eines unvollständig erhaltenen Badetuch-Triptychons des späten zwanzigsten Jahrhunderts zeigt eine Frau, wie sie den ausgehenden Mann des erschöpften Industriezeitalters an die Hand nimmt. Das nach streng spaß-gotischem Aufbau komponierte Scheinparadies des männlich-industriell geprägten Palmenkomplexes weckt Reminiszenzen an frühbiblische Ausflüge. Am rechten Bildrand werden bereits schemenhafte Anklänge an die folgende Wellnessepoche sichtbar. Nur umrisshaft begegnen sich Protagonisten und Natur.

Auf den zweiten Blick werden Zweifel wach: Die Abwesenheit des Meeresblaus erzeugt skeptische Spannungen – Fragen werden laut: Ist es ein See aus Batida de Coco? Sehen wir George Michael und Martina Navrátilová? Der Betrachter wird unfreiwillig Zeuge einer Beichtszene. Die das Idyll segnenden Palmwedel könnten aus einer zeitgenössischen Disco ins Bild ragen. Farne und großblättrige

Büsche im Bildvordergrund halten den Betrachter
nicht vom Betreten des Bildes ab. Der Verlust von
Intimität und Privatsphäre deutet sich an.

Der gelb-orangene Himmel wirkt wie ein Sog, und
nach längerem Hinsehen erscheint er uns als Teil
eines bedrohlichen „Langnese Capri", das sich aus
seiner Tankstelleneistruhe befreit hat. Verbliebene
Hautschuppen deuten Anti-Aging-Tendenzen an.
Hinter dem Horizont wartet die Love Parade. Die
Neunziger beenden das Idyll.

social media

Das Kollektiv singt brave Songs für die Plantagen

Kreativität hat wieder eine Chance. Jenseits der Kollektive.
Social Communities sind eine feine Sache. Dort versammeln sich Leute, um all die Anderen zu erleben, die Gleiches tun. Das nennt man eine Kollektivheimat. (Berlin: Touristen beobachten Touristen am Hackeschen Markt.)

Individualität und Kreativität sind keine Kollektiveigenschaften. Wir müssen uns schon entscheiden zwischen der wohltemperierten Sonate des täglichen Crowdsoßing und unserer eigenen Partytour. Kollektive Kommunikation bürdet uns immer mehr Nichtstun auf. Doch die eigentliche Arbeit müssen wir nach wie vor selbst erledigen. **Das ist die gute Nachricht.**

... crowdsourcing

War Jean-Baptiste Grenouille der erste Crowdsourcer? Menschen sammeln, sie in ein Gefäß stecken, sie kochen, um anschließend aus ihren Destillaten ein Crowdsourcingparfum zu produzieren. All das erinnert mich an den Versuch, durch die „Weisheit der Vielen" zu akzeptablen Resultaten zu gelangen.

Ich bin mir noch nicht im Klaren darüber, ob es klug oder einfach nur komfortabel ist, so vorzugehen. Vielleicht ist es beides und noch etwas Drittes, das mir gerade nicht einfällt.

Wenn man sich dann bei der Besichtigung der Ergebnisse ein gut getränktes Chloroformtuch vor den Mund hält, verliert sich vielleicht sogar die Erinnerung an die Frage nach dem Sinn des Ganzen.

pfffft...

LE WISDOME
D'EVERYBODY

Eau de Crowd

mit ein bisschen
phantasie
hätte man alles
beim alten lassen
können

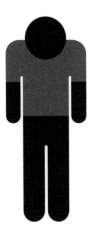

Veränderungen bringen nur etwas, wenn am Ende ...

alle besser aussehen,   sich mehr Menschen mit den
Resultaten befassen

und man eine Serie daraus machen kann.

what you see is
what you get

Wenn Menschen in deinen Fähigkeiten etwas
Besonderes entdecken, ist es höchste Zeit, in den
Spiegel zu schauen. Zieh ein Gewand über, und lass
dir Bart und Haare wachsen.

P.S.
Selbstvertrauen speist sich auch aus Größenwahn.
Das ist völlig normal.

Betrachten Sie die vier Punkte in der Mitte des Bildes konzentriert für ca. 20 Sekunden. Schauen Sie danach direkt auf eine weiße Fläche. Zwinkern Sie ein- bis zweimal. Nehmen Sie die Erscheinung wahr? Regelmäßiges Blinzeln verstärkt sie.

irrwürmer

Sich ändern? Warum?

Wir leben im Schnitt achtundsiebzig Jahre. Dann
sind wir tot. Die ersten zwanzig lernen wir
dies und das. Mit dreißig haben wir diese oder
jene Standpunkte. Zwischen dreißig und vierzig
kommen Haltungen hinzu. So richtig unzufrieden
sind wir aber erst mit einundvierzig. Bleiben noch
siebenunddreißig.

Es wäre besser schiefgelaufen.

go!

Testen Sie während eines Spaziergangs Ihre Stand-
festigkeit in einer sehr geschäftigen Straße.
Gehen Sie zügig entlang einer gedachten Linie,
ohne Stocken und mitten auf dem Gehweg.

Achten Sie darauf, dass Sie gleichen Abstand zur
Fahrbahn und zur Häuserzeile halten. Gehen Sie
dabei niemand aus dem Weg. Niemand.

Dann tun Sie dasselbe noch einmal. Nur so,
dass Sie jetzt auf der gedachten Linie allem aus
dem Weg gehen, was Ihnen entgegenkommt.

Um Ihrem Standpunkt an diesem Tag den nötigen
Nachdruck zu verleihen, runden Sie die Übungen
ab, indem Sie mit einem Fuß auf dem Bordstein,
mit dem anderen am Fahrbahnrand entlangspazieren.

Für diese Übungen haben Sie maximal eine halbe Stunde
Zeit. Schreiben Sie anschließend auf, was Ihnen während der
Übungen durch den Kopf ging. Vielleicht überreden Sie einen
Freund, alles zu filmen, und stellen das Video anschließend ins
Internet. Vielleicht wird eine tolle Geschichte draus, eine mit
Interviews von Leuten, denen Sie bei den Übungen begegnen,
die Ihnen zuschauen oder Sie beschimpfen oder um ein Auto-
gramm bitten. Ich habe dabei übrigens ein paar sehr bemer-
kenswerte Menschen kennengelernt.

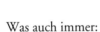

Was auch immer:
Machen Sie mehr draus. Schreiben Sie Ihr eigenes Drehbuch. Diesmal ohne Bedenkenpattex.

hach, wir machen jetzt mal was total verrücktes, ja?

Erst mal ganz von vorne:

Die Effizienz von Brainstormings hängt von Rahmenbedingungen ab, die es dem Sturm überhaupt gestatten, Sturm zu werden. Wie beim richtigen Wetter. Ohne Rahmen wird es ein Brainworming – Hirnwürmchen werden zu Luftschlangen.
Es gibt ein paar gebrauchsfertige Basisregeln, die zu einem effizienten Set-up des Brainstormings gehören:

- Die Teilnehmerzahl wird vorher festgelegt (Dynamik und Effizienz)
- Jeder redet innerhalb eines Zeitlimits (Stringenz)
- Gedanken statt Problemdarstellungen und -analysen (Inspiration)
- Niemand unterbricht den Redner (Geduld)

- Jeder Gedanke wird in seinem Kern erfasst und für alle lesbar protokolliert (Dokumentation)
- Das erste Brainstorming sollte nicht länger als 30 Minuten dauern (Maß)

Brainstormings sind keine Besprechungen oder Meetings. Die Gruppe wird „still" moderiert. Moderatoren moderieren. Sie sorgen außerdem für eine umfassende schriftliche Dokumentation aller geäußerten Gedanken, die in der Gruppe breite Zustimmung finden. Sie nehmen auch solche Gedanken auf, bei denen sich spontan Polarisierungen einstellen. Für diesen Job ist eine erfahrene Person geeignet, jemand mit Gespür für das Wesentliche, jemand, der nicht zensiert und gleichzeitig dafür sorgt, dass der Gedankenzopf weiter geflochten wird. Zerfaserungen und Rechthabereien sollten diskret, aber deutlich abgewiesen werden. Diese Position kann nur von jemand ausgefüllt werden, der über Autorität und das Vertrauen der Gruppe verfügt. Niemand wird persönlich, Dynamik steht im Mittelpunkt.

Auf „Effizienz und Ergebnis" angelegte Brainstormings gehen in drei Phasen vor:

1. Es nehmen alle teil, die am Projekt und an der Umsetzung unmittelbar beteiligt sind. Externe können als Turboprovokateure eingeladen werden.
2. Die Ergebnisse aus Phase eins werden in verkleinerter Runde weiterverarbeitet.
3. Die Ergebnis-Destillation wird bis zum kleinstmöglichen Kreis vorangetrieben. Ideenwolken und Leitsätze des Brainstormings werden in Briefings skizziert und den Umsetzenden in Form eines Memorandums überreicht.

War's das? Nein.

Es fehlt die Stichflamme am Pulver – Stichworte. Unser Hirn bleibt eine faule Schlampe, wenn ihm Sinniges präsentiert wird. Denn unsere eigenen Sinnarchitekturen kennt es zur Genüge. Kein Wunder, schließlich hat es sie selbst geschaffen. Trifft unser Hirn nun auf Dinge, die es kennt, lässt es gelangweilt die Jalousien wieder runter. Es macht sich nicht einmal mehr die Mühe, sich zu winden.

Gehirn = Schlampe

schlampilein, du legst mich nicht mehr rein!

Bringen Sie (vermeintlichen) Unsinn ins Spiel. Unsinn hat Methode, und er hat vor allem: Wirkung. Zunächst die, dass die Hirnschlampe aufgeschreckt wird. Denn sie kriegt plötzlich nicht mehr alles auf die Reihe. Genau das hatten wir mit ihr auch vor.

Unser Gehirn wird nur tätig, wenn es der Meinung ist, dass etwas nicht stimmt (disruption). Stimmigen Dingen gegenüber ist es eher gleichgültig. Fahren Sie Ihrem Hirn in die Parade, lassen Sie eine andere Party steigen. Brainstormings sind Partys, die unser Gehirn zum Leben erwecken.

Stichwort: Party. In der ersten Phase nehmen alle teil, die am infrage stehenden Projekt (auch im Entferntesten) beteiligt sind. Warum sollten so viel Leute wie möglich in der ersten Phase teilnehmen? Ganz einfach: weil Potenziale auch außerhalb unseres Vorstellungsvermögens existieren. Unsere Einschätzung von dem, was möglich ist, basiert auf den Begrenzungen des eigenen Horizonts. Aber wir ahnen doch, dass es hinter dem Horizont weitergeht. Deshalb ist ein erweiterter Teilnehmerkreis in der Anfangsphase eher eine Bereicherung der Sichtweisen.

In der ersten Phase geht es vor allem um Perspektiven. Wenn stets nur eine kleine und womöglich dieselbe Gruppe zusammengluckt, kommt immer wieder das Gleiche dabei heraus. Perspektiven sind nämlich endlich. Also: Warum sich selbst der Möglichkeiten berauben, die ein effizientes Brainstorming nun mal braucht, um in Fahrt zu kommen?

Die sonst so stille Praktikantin könnte sich im Laufe des Brainstormings als überraschende Stichwortgeberin entpuppen, und sei es auch nur durch einen einzigen Satz. Außenstehende Perspektiven bereichern besonders im ersten Stadium. Lassen Sie sie rein.

Während es in der ersten Phase um Perspektiven geht, läutet die nächste Zündstufe des Brainstormings die Phase der Assoziationen ein. Das Spiel beginnt. Und womit ließe sich das Assoziationsspiel besser und effizienter gestalten als mit Bildern? Aber wo kriegt man die her? Ziemlich einfach: aus Worten. Denn Worte erzeugen Bilder.

Falsch wäre es, Bilder zu nehmen, um Bilder zu erzeugen. Das leuchtet ein. Also gehen wir den Weg, den wir Menschen schon vor Jahrtausenden gegangen sind: Durch Laute oder Worte etwas auszudrücken, was man sich bildlich vorstellen soll. Nichts eignet sich besser für das Assoziationsspiel als Lyrik. Ja, Lyrik. Erstaunt?

Die Frösche

Ein großer Teich war zugefroren;
Die Fröschlein, in der Tiefe verloren,
Durften nicht ferner quaken noch springen,
Versprachen sich aber im halben Traum,
Fänden sie nur da oben Raum,
Wie Nachtigallen wollten sie singen.
Der Tauwind kam, das Eis zerschmolz,
Nun ruderten sie und landeten stolz,
Und saßen am Ufer weit und breit,
und quakten wie vor alter Zeit.

Johann Wolfgang von Goethe

Zehn Gedichtzeilen, die einen kleinen Bildersturm in unserem Gehirn entfachen. Wir benötigen Worte, um ihn zu erzeugen. Aber ganz so einfach, wie es scheint, ist es dann doch nicht. Schließlich gibt es neben den Effizienzgrundsätzen des Brainstormings auch die Notwendigkeit, den Sinn der ganzen Veranstaltung nicht aus den Augen zu verlieren. Es geht um die Lösung einer Aufgabe. So sehr ich spielerische Ansätze im Lösungsprozess befürworte, so stark bin ich gleichzeitig an Grenzen des Spiels interessiert – im Interesse der Lösung. Doch zunächst gehen wir mit dem Spiel in die Vollen. Das bedeutet in diesem Fall, das wir unsere eigenen Dichter sind – besser gesagt: unser Gehirn wird gezwungen, seinen Dachboden zu räumen. Dort hat es nämlich zirka 90 Prozent unserer Wahrnehmungen hin verfrachtet. Mit mickrigen zehn Prozent gibt es sich dann ab und gaukelt uns vor, alles zu wissen, zu kennen und die Kontrolle auszuüben. Und nun machen wir die Probe aufs Exempel.

-croak

kamikaze-lyrik

Wer hätte das gedacht: Spontanität ist eine Eigenschaft, die sich spontan ereignet. Mit ihrer Hilfe können wir unser Gehirn hintergehen. Die Übung verlangt wenig, und doch viel vom Einzelnen. Es ist, wenn man so will, eine Art der Entblößung, denn im Resultat ist es eine Zustandsoffenbarung des Autors. Es geht um ein paar Minuten. Mehr Zeit bekommt niemand, um sich in der Kamikaze-Lyrik zu schlagen. Die Ergebnisse können dann so aussehen:

Das Zimmer am Morgen

Zwischengelagertes Doppelhausglück,
wartender Terrorschrein –
mitnichten verzagt.
Sich neigende Tulpenlast –
Gedankenbegleitservice
auf Band umgestellt.
Geld im Orgiengestrüpp …
doppelverglaster Zugang.

Prosa und Fauna

Schunkelnde Quitten,
Mythos und Wirklichkeit.
Das leere Tor, auf das ich schoss!
Ich nehme das zur Kenntnis.
Unsterbliches Semikolon –
Wachholder – holde Wache,
Silberbecher.

Mathias Bantle, Rum Trader Berlin

Vorfrühling

Sichtenweiter Nebelschwarm –
gedungene Hand;
verschwindende Berge –
pygmäengetaucht …
Bleibende Schmelze, Erzen geeint,
schauernde Mächte, Freuden verweint.

Altweibersommer oder JOBNR.
6749AC

Die schwache Wachtel grämt sich noch,
von fern die Lauten schellen.
Der Wind dreht auf, das Sommerloch,
das Hunde dann verbellen.
Viel bunter wird es nimmer mehr,
wenn auch die Tage kürzer.
Die Regentonne ist schon leer,
bald kommt ein neuer Lürzer.

Andrea Riedel bei Xing, brand eins Forum

Es ist ein Spiel

Kamikaze-Lyrik findet in der zweiten Runde des Brainstormings statt. Die Runde ist jetzt merklich geschrumpft. Alle jetzt noch verbliebenen Teilnehmer sind direkt am Projekt beteiligt. Es sind die Sofortbeseelten, Schrägdenker und Tüftler, Strategen und Taktiker, Wortschmiede und Alpha-Surrealisten – also die, von denen man in Kürze die wirklich überraschenden Ergebnisse erwartet. Mit der Aufgabe, spontan und blitzschnell ins Unterbewusstsein einzutauchen, ohne reflektierende Schutzschilde, öffnen sie die Büchse der Pandora. Mit Kamikaze-Lyrik als Methode lässt jeder in der Gruppe unbewusst agierende Zurückhaltungstaktiken sowie Status- und Prestige-Bedenken hinter sich – Grundvoraussetzung für kreative Dynamiken, die sich jetzt ihren Weg ins freie Feld der Assoziationen bahnen. Um eine Aufgabe zu lösen, muss ihre Fragestellung eingeschmolzen werden. Denn alles auf eine Frage zu reduzieren würde das Aus für die Dynamik bedeuten.

Es gibt keine verordnete Kreativität

Die Selbstaufforderung, kreativ zu sein, wird von unserem Gehirn mit einem lässigen Schnarchen beantwortet. Brainstormings sind speziell in ihrem Anfangsstadium dynamische Unfugpartys, bei denen jeder mit seinen Gedanken und denen Dritter fremdgehen kann und soll. Strukturen, in denen wir gewöhnlich miteinander kommunizieren, müssen irritiert werden. Das Kamikaze-Lyrik-Projekt führt bewusst einen kommunikativen Ausnahmezustand herbei.

Nicht jede Aufgabe muss kreativ gelöst werden. Daraus folgt, dass nicht jede Aufgabe eines Brainstormings bedarf. Vieles kann durch eine Besprechung schnell und gut gelöst werden. Die Komplexität einer Aufgabe entscheidet in der Regel über den Einsatz der Mittel zu ihrer Lösung.

Mit Lyrik kann vieles geschehen ... vor allem Paradoxes

Einige Gedichte reimen sich, andere tun das nicht, oder nur zum Teil – egal. Wer gut im Reimen ist, der sollte sich natürlich seines Talents freiweg bedienen. Aber vor allem die Nicht-Satzkompositionen, die nicht auf einen Reim enden, geben die meiste Milch. Wichtig ist, dass die Dichtungen spontan und (scheinbar) absichtslos zustande kommen, denn Sinn und Ziel dieser Übung ist die Produktion von

Bildern durch Stichworte, und umgekehrt. Jedes dieser Gedichte enthält Substantive, Adjektive und Verben, und zwar in einer Menge, die genügend Gesprächsstoff für Assoziationen birgt.

„Denkst du etwa an einen Hund, wenn es bellt?"

Zunächst drehen sich unsere Gedanken um den eigentlichen Gegenstand des Brainstormings. Die Aufgabenstellung mutiert gleichzeitig zur einzigen Projektionsfläche. Es entsteht ein Spiegeleffekt, bei dem sich die Lösungsansätze ständig im Problem spiegeln. So geht es schief. Denn genau das Gegenteil führt zu den wirklich überraschenden Lösungen. Wir brauchen scheinbar themenfremde Stichwörter und Assoziationen, um uns von der Aufgabe entfernen zu können.

Distanz zur Aufgabe bringt Nähe zur Lösung

Das Herumzurren an einer Lösung führt nur zu mittelmäßigen Ansätzen und Lösungen. Statt eigenständiger Gedanken werden Gussformen produziert, die sich sehr nah an der Aufgabenstellung orientieren. Fehler: Zu nah an der Aufgabe denken.

Die Aufgabenperspektive wird nicht verlassen; die Aufgabe bleibt groß und übermächtig, die Situation wird entropisch. Je mehr man an ihr herumdenkt, um so hermetischer wird sich unser Gehirn andersperspektivischen Lösungsansätzen verschließen.

Doch Originalität und Durchschlagskraft der Lösung sind weitgehend von der Entfernung zur Aufgabe abhängig. Das ist die eigentliche Aufgabe. Im Klartext: ein Brainstorming muss Lösungen zutage fördern, die der Erwartung des Lösungssuchenden nicht gerecht werden, im Ergebnis aber das Problem lösen. Die Erwartungshaltung des Lösungssuchenden und die Lösung sind nicht immer identisch. Erwartungshaltungen der Lösungssuchenden (z. B. Auftraggeber) dürfen nicht zum Auswahlmaßstab der Lösungstechniken werden. Lösungsfinder sind also gut beraten, Potenzial zu identifizieren, freizusetzen und schließlich aufgabengerecht zu instrumentalisieren. Kamikaze-Lyrik ist dafür eine Zentrifuge.

Substantive, Adjektive und Verben

Die aus den „Verdichtungen" gewonnenen Begriffe sind der Grundstoff für die weiterverarbeitende Kopfindustrie. Erst die Gesamtheit der verschiedenen Begriffe, die die Kamikaze-Technik hervorbringt, ermöglicht die Ausweitung der Denkzone. Ab jetzt kann der Brainstormingprozess in konkrete Umsetzungsphasen übergehen.

In kleiner Runde werden Bilder und davon abgeleitete Ideen gesiebt und wie Eisenspäne auf den Magnet ausgerichtet. In Kommunikationsagenturen beispielsweise entstehen an diesem Punkt erste visuelle Ausarbeitungen oder Strategieentwürfe. Die Systematik ist auf fast jedes Unternehmen übertragbar. Aber wie verschafft man sich den Überblick?

Am besten durchforstet man die Gedichte nach Substantiven, Adjektiven und Verben. Schreiben Sie sie der Reihe nach auf ein Flipchart. Dieses überdimensionierte Stück Papier wird Ihnen als Spickzettel treue Dienste leisten. Nachdem sich die Brainstorminggruppen in den verschiedenen Phasen sukzessive aufgelöst haben, ist diese Stichwortliste, neben anderen Notizen, eine ständige Inspirationsquelle für visuelle, verbale und strategisch-taktische Überlegungen. Worte werden Bilder, Bilder eröffnen Perspektiven. Der perspektivische Blick führt in die Dimension der eigentlichen Aufgabe.

Natürlich wird ein solcher Prozess von erfahrenen Moderatoren begleitet. Resultate werden nach ihrer strategischen und taktischen Kompatibilität beurteilt und entsprechend eingestuft. Kommerzielle Kreativität ist nie Selbstzweck. Aufgaben werden nicht mehr zerredet, sondern zugänglicher gemacht. Dadurch gewinnen sie an Lösungsvielfalt – eine Option, die der routinemäßigen Fixierung auf „das einzige Ziel" oft fehlt. Es gibt immer mehrere Lösungen. Ihre Effizienzberechnung darf nicht Gegenstand eines Brainstormings sein. Nichts käme ungelegener als eine Effizienzdiskussion zu Lösungsbildern.

Vorbei auch die Zeiten des Kreativ-Endkrampfs aus der Erfahrungskonserve. Erfahrungen sind tote Gedanken. Sie sind nützlich, doch bei der Erarbeitung einer Kreativstrategie höchst entbehrlich. Die Abwesenheit von Erfahrungsstützstrümpfen während des Brainstormings demokratisiert den Prozess da, wo er Demokratie benötigt. Fast schon ein Verfassungsgrundsatz für die Teilnehmer. Unser Gehirn aktiviert zuerst das, was es kennt: Erfahrungen. So ist es nun mal angelegt. Es drückt gnadenlos auf die Memorytaste. Einen neuen Film müssen wir schon selbst einlegen.

Die Kamikaze-Technik kann eine praktikable Hilfe sein. Man muss sie nur ernstnehmen und konsequent durchspielen. Bereits nach wenigen Schritten entdecken viele im Raum den befreienden Sinn einer Kommunikation, die scheinbar auf der schiefen Ebene stattfindet. Soll sie auch, denn erst das Gefälle bringt die Dinge in Bewegung.

Serviervorschlag für Werbeagenturen

Nachdem Substantive, Adjektive und Verben herausgefiltert wurden, machen die Listen die Runde. Grafiker zählen zur ersten Adresse des Stichwortbriefings. Für Anstöße zur Entwicklung ihrer visuellen Strategie reichen sie allemal.

Und es könnte nebenbei ein ewiges Dilemma auflösen:

Grafiker an Texter: „Wann krieg' ich denn endlich die Texte?"

Nichts gegen Grafiker, aber mir ist schleierhaft, warum sie immer erst mit ihrer Arbeit beginnen können, wenn die Texte stehen. Schließlich müssen Texter auch ohne Grafiken texten können. Die Stichwortliste kann das sinnlose Zeit- und Verdruss-Pingpong der kreativen Zwillinge beenden. Begriffe starten das Kopfkino. Wer Fakten schafft, formt den Gang der Dinge. Erster sein zählt.

Serviervorschlag für andere Unternehmen

Nicht nur Kreative sind kreativ, sondern auch die Kreativen. Unglaublich, aber wahr. Sie befinden sich nicht immer in den Reihen von Agenturen. Das ist die zweite Überraschung. Manchmal sitzen sie auch in werbungtreibenden Unternehmen, und keiner weiß es dort. Ein folgenschwerer Inventurfehler.

Mit dem Kreativpotenzial von Mitarbeitern geht man hierzulande noch immer ganz schön schlampig um. Kreativmeetings gelten in vielen Unternehmen als eine Form von „Kaffee und Kuchen", Schwätzchen inklusive. Man nimmt das Thema nicht so ernst – Leichtsinn mit Folgen. Mein Vorschlag an alle Geschäftsführer, Abteilungsleiter, Projektmanager und Vertriebler: Lassen Sie Ihre Mitarbeiter zu einem bestimmten Thema mal ran. Testen Sie es. Sie werden sich wundern, was dabei herauskommt. Versuchen Sie es mit der Kamikaze-Lyrik. Setzen Sie sich Etappenziele. Jedes Gedicht bringt neue Begriffe, jeder Begriff legt eine neue Fährte. Es darf sogar gelacht, aber niemand lächerlich gemacht werden. Brainstormings sind keine Fun-Veranstaltungen, sondern ergebnisorientierte Partys.

Es ist das Ziel der Kamikaze-Lyrik, unser Alltagsgehirn bewusst zu täuschen. Kein leichtes Unterfangen, denn Mitarbeiter sind es nicht gewöhnt, sich verbal zu entblößen und ihr Kopfkino mit all seinen Momentaufnahmen vor all den Anderen zu offenbaren. Sie leben, wie wir alle, im Sprachschatzgefängnis der täglichen Arbeit und Routinen. Doch der erste Vierzeiler stößt ein Fenster auf.

...dichtung

Hermeline

Apollonischer Zugverkehr entgleist am Abend –
Stille verzweifelt am Rauch der Horizontzigarren.

Mir war so gelb –
doch rote Milde zwang mich still zum Rückzug.
Australien naht.

„Was ist das?"

Ich weiß nicht. Vielleicht ein Gedicht

„Wieso ein Gedicht?"

Weil es sich nicht reimt ..., vielleicht

Wenn du dir auf alles einen Reim machen willst,
stolperst du über den erstbesten Gedanken. Lass es
laufen.
Wenn du merkst, dass sich Ungereimtheiten ver-
dichten, bist du nah' an einer Lösung.

Notizen

....
....
....
....
....
....
....
....
....
....
....
....
....
....
....
....
....
....
....
....
....
....
....
....

das ende einer geschichte ist erst ihr anfang.

„Realität ist die schlecht gelaunte Cousine der Phantasie."

unbekannt

Bevor es diese Fliege erwischt hat, krabbelte sie kreuz und quer auf dem Monitor herum. Ihr war langweilig. Als sie die Kante erreichte, war Schluss. Damit hatte sie nicht gerechnet. Den aufregendsten Moment ihres Lebens verpasst.

ZIEL

Nehmen wir an, der Name der Fliege war „Fliege Langweile". Und damit das etwas abenteuerlicher klingt, nennen wir sie einfach "Fly Boredom". Sie war die langweiligste Fliege zwischen Hollywood und Cottbus. Arrangieren Sie für Fly Boredom ein würdiges Begräbnis.

welt-premiere: "fly boredom" im dior-aschenbecher beigesetzt

„Jede gute Geschichte beginnt an einer Kante."

Galileo Galilei

Warum wird eine tote Fliege beerdigt? Weil Sie sich das ausgedacht haben. Eine gute Geschichte erzählt sich ab der Kante fast von selbst. Das Entscheidende ist der EINSTIEG. Er liegt hinter dieser Kante.

Jedes Publikum ist lethargisch. Es hat nicht auf Sie gewartet, um Sie zu feiern oder zu streicheln. Eigentlich möchte es Sie gerne fressen. Meetings und Präsentationen sind Fütterzeiten. Schleudern Sie Ihr Publikum gleich zu Beginn aus seiner Lethargie. Es wird Sie zum Dank dafür mit Respekt, dann mit Aufmerksamkeit belohnen.

Fragen Sie sich immer: „Aus welcher Welt kommt mein Publikum, wenn es den Raum betritt?"

Die Meisten saßen den ganzen Tag auf einem Bürostuhl und haben ihren Brustkorb gegen die Schreibtischkante gedrückt. Dort haben sie möglicherweise stundenlang auf Monitore geschaut, Telefonate geführt, nervige Fragen beantwortet, Kaffee getrunken, bei irgendetwas Erfolg gehabt oder auch nicht. Vielleicht ist Ihr Publikum auch gerade dem nöligen Stadtverkehr entkommen oder wurde in der U-Bahn von Panflöte spielenden Indios malträtiert. Wieder andere kommen von einem hastigen Mittagessen und wollen einfach nur in Ruhe verdauen.

Niemand kommt mit einem freien Kopf in Ihre Präsentation. Was immer die Leute kurz zuvor getrieben haben, es war nichts Weltbewegendes. Eigentlich erwarten sie auch nichts Weltbewegendes mehr an diesem Tag. Darin liegt Ihre Chance.

Machen Sie allen einen Strich durch die Rechnung. Sie sind nicht das Bäuerchen. Sie sind die Kohlensäure.

Wenn wir für Präsentationen nichts Außergewöhnliches schaffen, wann dann? Der Kern Ihrer zukünftigen Beziehung zu Menschen, mit denen Sie etwas bewegen wollen, sind gute Geschichten.

Sie sind nicht nur Tickets für Jobs. Sie sind auch
kein Selbstzweck. Gute Präsentationsgeschichten
sind die Offenbarung Ihrer Kommunikationsfähig-
keit. Sie sind unser Potenzial. Wir bieten Dritten an,
daraus Kapital zu schlagen.

Man gewinnt, wenn Menschen sich verstanden und
dabei gut unterhalten fühlen. Das ist der Deal.

…ritt

Tu den dritten Schritt vor dem ersten. Zäum das Pferd von hinten auf. Gib ihm einen kräftigen Klaps, und lass es ohne dich davongaloppieren. Setz dich eine Weile ans Lagerfeuer und rauch eine Zigarette. Schau zum Himmel.

Am Horizont verwirbeln die Wolken des geschenkten Gauls.

...suchbild

I „(...) *Bei der Heimfahrt aus ihrer Sommerresidenz Roc Agel, am Vormittag des 13. September 1982,*

II *kam Fürstin Gracia Patricia von Monaco, vormals bekannt unter ihrem bürgerlichen Namen Grace Kelly, an der Seite ihrer Tochter Stéphanie auf der Route de La Turbie, in einer Haarnadelkurve, aus bis heute ungeklärten Umständen von der Straße ab und stürzte vierzig Meter in die Tiefe.*

III **Die Fürstin starb** *einen Tag später an den Folgen der Verletzungen; ihre Tochter überlebte.*

IV *Immer wieder liest man, dass Grace Kelly in dem Hollywoodklassiker **Über den Dächern von Nizza** dieselbe Kurve gefahren sein soll. Das stimmt nicht.*

V *Die berühmte Filmszene vom Auto-Picknick mit Cary Grant wurde unterhalb der Route de Beausoleil, knapp 3 km nordöstlich der Unfallstelle, gedreht (...)“*

Textvariation aus Wikipedia.org

ROUTE
DE LA TURBIE

ROUTE
DE BEAUSOLEIL

P

An welcher Stelle steigen Sie in die Geschichte ein?

Nicht jede Geschichte hat das Zeug zur Legende. Aber man kann Geschichten so erzählen, dass sie im Rückblick legendär wirken. Die Basiszutaten sind ein paar gemeinsame Nenner, auf die sich alle im Raum stützen können. Es ist klug, mit einer Präsentationsstrategie vor etwas Großartigem zu ankern. Man könnte das auch Trittbrettfahren nennen. Tun Sie's. Es spart Ihnen die Mühe, eine neue Geschichte zu konstruieren.

Analogien entlasten das Großhirn Ihrer Zuhörer, denn sie müssen nicht mehr nachdenken. Nichts stört eine Präsentation mehr als der Zwang zum Nachdenken. Denkentlastungen werden vom Gehirn mit höheren Erinnerungswerten honoriert. Bei Grace Kelly zum Beispiel. Kein Mensch denkt mehr nach, wenn er den Namen hört. Man denkt sofort an „Anmut" und „Stil" und sieht vielleicht noch ihre texanische Filmmillionärsmutter in „Über den Dächern von Nizza", wie sie im Buffet eine Zigarette ausdrückt und dabei „Avez vous bourbon?" sagt. Grace Kelly lebt weiter. Nur die Fürstin ist tot.

P.S.

Ich würde fahrlässig handeln, erwähnte ich den kleinen Friseur an der Ecke nicht, der sich gegen zwei Zehn-Euro-Friseurläden in direkter Nachbarschaft zur Wehr setzte. Er kaufte sich einen fetten Edding und schrieb auf ein großes weißes Plakat, das er in sein Schaufenster hängte: „Für 14,50 Euro bringen wir Ihren 10-Euro-Haarschnitt wieder in Ordnung!" Auch legendär. Wenn Sie vor etwas Kleinem ankern, sollte die Überraschung doppelt so groß ausfallen.

...energie

Die Tatsache, dass man ein paar Dinge erledigt
hat, die man nicht mag, bedeutet nicht, seine
Stärken zu kennen.

werbung
bringt frieden

Existiert etwa ein direkter Zusammenhang zwischen
dem Nichtvorhandensein von Werbung und Kriegs-
handlungen? Wo wenig geworben wird, herrscht
Krieg. Sehen Sie selbst: Afghanistan, Irak, Tibet,
Demokratische Republik Kongo, Somalia, Gaza
und so weiter.

Wäre es beispielsweise möglich, Menschen durch
den massiven Einsatz von Außenwerbung vom Tö-
ten abzuhalten? Wäre es abwegig, statt bewaffneter
Patrouillen und gepanzerter Fahrzeuge eine Armada
von Promotionpersonal durch Kabul spazieren zu
lassen und die Stadt mit Werbegeschenken zuzu-
schütten? Wie wäre es, wenn jeder Mohnbauer eine
kleine Media-Agentur bekäme, um all die Werbeflä-
chen zu vermarkten, statt Mohn anzubauen? Aber
damit nicht genug: Jeder Afghane bekommt einen
Mac und kann, wie in befriedeten Werbeweltregi-
onen, Werbung produzieren. Auf dem Weg zum
Weltfrieden kann jeder Werbung machen, wirklich
jeder. Vielleicht denken Sie jetzt, das funktioniere
sowieso nicht. Aber beweisen könnten Sie's nicht.

optimierung ist leichenschändung

„*Wenn sich etwas nicht mehr bewegt, ist es möglicherweise tot.*"

Graf Dracula

...advice-lounging

Wenn man sich im Kreis dreht, bedeutet das nicht immer, dass sich in seinem Zentrum auch etwas befindet. Oft ist diese Stelle einfach: leer. Ich vermute einmal, dass es vielen so geht, wenn sie über neue Geschäftskontakte nachdenken. Kreisverkehr geht aufs Profil. Bitte überprüfen Sie Ihre Bereifung.

„(...) Das Hauptprofil muß am ganzen Umfang eine Profiltiefe von mindestens 1,6 mm aufweisen; als Hauptprofil gelten dabei die breiten Profilrillen im mittleren Bereich der Lauffläche, der etwa Dreiviertel der Laufflächenbreite einnimmt. Jedoch genügt bei Fahrrädern mit Hilfsmotor, Kleinkrafträdern und Leichtkrafträdern eine Profiltiefe von mindestens 1mm."

§ 36 Straßenverkehrs-Zulassungs-Ordnung (StVZO), Absatz 2

Beim potenziellen Kunden waren Sie immer der Vorturner. Wunschkunde sitzt in seinem Vorführraumsessel. Sie drehen ein paar Pirouetten, kriegen Applaus oder nur einen feuchten Klatscher. Zeit, es mal anders zu machen.

In Ihrer Advice-Lounge sitzen Sie, und Ihre Wunschkunden turnen vor. Bislang haben Sie Geld und Zeit investiert, haben sich Jas und Neins und Jeins abgeholt. Jetzt bringt Ihnen ein charmanter Kellner den Gin Tonic, während Sie auf Ihren ersten Kontakt des Abends warten. Eine Woche zuvor hatten Sie einen seltsamen Brief verschickt ...

Sehr geehrte Frau Stegmann*,

ab Freitag kommender Woche sitze ich zwei Wochen lang, jeden Abend ab 19.30 Uhr, in der Lounge der Cromwell Bar und unterhalte mich mit eingeladenen Gästen aus der regionalen Wirtschaft. Thema: Am besten, Sie bringen Ihr eigenes mit. Ich höre nämlich sehr gerne zu.

Da ich jeweils maximal drei Personen einlade, können Gedanken und Ideen in aller Ruhe formuliert werden. Sie werden Antworten mit nach Hause nehmen, das verspreche ich.

Am liebsten unterhalte ich mich über Dritte. Zum Beispiel über Ihre potenziellen Kunden und darüber, wie man sich für sie hübsch macht. Das ist nämlich mein Spezialgebiet. Wir können aber auch über etwas ganz anderes reden, Sie haben Ihre Themen ja dabei. Es wird also nicht langweilig.

Ich freue mich, Sie persönlich kennenzulernen. Mit freundlichen Grüßen

*Name frei erfunden. Ähnlichkeiten mit real existierenden Personen wären purer Zufall.

P.S.
Wer die anderen Gäste sein werden, verrate ich übri-
gens nicht. Der Reiz der Sache liegt im Unbekannten.
Und sollten wir dort nur zu zweit sein, ist das auch
nicht tragisch. Um so mehr Zeit habe ich für Sie. Die
Drinks zahle natürlich ich.

Sicher, das kann nicht jeder. Aber ich meinte auch
nicht jeden. Was kann man dabei schon verlieren?
Weniger als das, was man noch nicht hat. Vermut-
lich.

an trüben tagen ist unser hirn auf der hut ...

Psychologen der University of New South Wales haben bei einer Studie eine interessante Entdeckung gemacht. Sie fanden heraus, dass launisch gestimmte Menschen ein schärferes Gedächtnis haben. Das Gleiche gilt für mieses Wetter: Je bewölkter der Himmel, desto besser konnten sich die Probanden der Studie an Dinge erinnern. Leute in einer leicht miesen Stimmung und bei mäßigem bis schlechtem Wetter konnten sich dreimal öfter an ihnen zuvor gegebene Informationen erinnern. Bei gutem Wetter sind Menschen weniger konzentriert und machen öfters Fehler.

Dazu Professor Joe Forgas: *"On bright sunny days, when they were more likely to be happy and carefree, they flunked it."*

Man kam der Sache auf die Schliche, nachdem zuvor in Tests aufgefallen war, dass schlecht gelaunte Studenten bei trübem Wetter bessere Ergebnisse erzielten als ihre gutgelaunten Gruppenwettbewerber bei Sonnenschein.

Ein weiterer Versuch befasste sich mit dem Erinnerungs- und Wahrnehmungsvermögen von Kunden in Geschäften. Man platzierte jeweils an der Zentralkasse einige belanglose Gegenstände: Matchboxautos und kleine Tierfiguren aus Plastik. Hinzu kam, dass an Schlechtwettertagen traurige Musik und an sonnigen Tagen fröhliche Berieselungsmusik gespielt wurde. Damit wollte man bereits bestehende Positiv- oder Negativtrends verstärken. Das klappte ganz gut, wie man schließlich entdeckte. Man befragte die Kunden, an wie viele der an der Kasse aufgestellten Objekte sie sich erinnern könnten. Ergebnis: Während des schlechten Wetters und bei trauriger Musikberieselung konnten sich die Testkunden an dreimal mehr Objekte erinnern.

Das Forscherteam ist sich sicher: *„Unser Gedächtnis ist an trüben Tagen weitaus schärfer eingestellt.“*

Professor Forgas meint, dass flüchtige Stimmungen einen enormen, wenn auch unterbewussten Einfluss auf die Art und Weise ausüben, wie Menschen denken und Informationen verarbeiten.

"Being happy tends to promote a thinking style that is less focused on our surroundings. In a positive mood we are more likely to make more snap judgments about people we meet. We are more forgetful and yet we are paradoxically far more likely to be overconfident that our recall is correct ... Mild negative mood, in turn, tends to increase attention to our surroundings and produce a more careful, thorough thinking style ... Accurately remembering mundane, everyday scenes is a difficult and demanding task, yet such memories can be of crucial importance in everyday life, as well as in forensic and legal practice ... Surprisingly, the influence of mood states on the accuracy of real-life memories is still poorly understood."

Die Ergebnisse der Studie wurden im Journal of Experimental Psychology veröffentlicht. (Originalartikel "Britain's gloomy weather boosts the brain, claim Australian scientists" erschienen in der Onlineausgabe des britischen "Daily Telegraph", telegraph.co.uk, am 19. April 2009)

spare ribs /
spare money

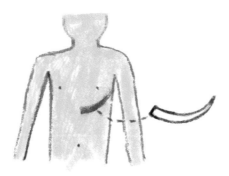

Der biblische Schöpfungsbericht sagt, dass Gott
Adam in den Schlaf schickte, ihm eine Rippe
entnahm und aus ihr Eva schuf. Die Rippe zählt zu
den mächtigsten Symbolen. Im vorgedanklichen
Raum spielt sie eine dominante Rolle. Ihr Anblick
aktiviert Ur-Instinkte: Jagd und Beute. Wo Rippen
sind, ist auch Nahrung. Gutes, altes Hirn. Selbst
nach zweihunderttausend Jahren noch topfit, wenn
es ums Aufspüren von Kauquellen geht.

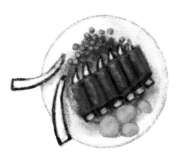

Wo Nahrung ist, bilden sich Sippen. Sippen orga-
nisieren ein Zusammenleben. Das Zusammenleben
eröffnet Überlebensräume. Raum bringt Frieden.

Frieden bringt Wohlstand. Wo Frieden und Wohlstand entstehen, wird Nachwuchs gezeugt.

„Rippe" steht für Jagd, Beute, Überleben und für
wachsende Gemeinschaften. Die Summe aller Rippen, der Brustkorb, symbolisiert den Zusammenhalt
der Gemeinschaft.

WIKIPEDIA

Well done,
everybody!

neuro-burger

Your Love Is King

Das Erfolgsrezept von Schnellrestaurants basiert im Wesentlichen auf Motivations- und Beutetechniken archaischer Jagdsippen. Die Ansammlungen der Jäger vor dem Tresen, die kontrollierenden Blicke auf die Beutetabletts der Jagdgenossen, die Augenbewegungen und Hormonausschüttungen der wartenden Jäger. Jagdstimmung und Beutetrieb pur. Auch das Fehlen von Servicepersonal als Bring- und Abräumkräfte ist in diesem Zusammenhang konsequent: Niemand stört ein Tier beim Fressen. Wenn doch, kann es unangenehm werden. Bisse, Tritte, Zischlaute oder Knurren bilden dabei noch das harmlosere Repertoire. Jedes Schnellrestaurant funktioniert als Jagdgebiet und Fresshöhle in einem. Das Tablett steckt dabei die individuellen Vertilgungsreviere ab. Wie der Leopard seine Beute auf Bäume schleppt, um sie dort in Ruhe zu zerfleischen, trabt der Fast-Food-Kunde mit seinem Fressrevier zum Tisch. Der Gebrauch der Hände, nur in diesem Restauranttyp zu beobachten, unterstreicht den archaischen Jagd-, Beute- und Fresscharakter des Konzepts. Rote Tabletts senden noch beim Vertilgen aggressive Signale.

Die „Blutlache" auf dem Tisch als Stimulans. Farbe als Teil des vorgeschichtlichen Belohnungsrituals.

Eine semiometrische (psychografische) Studie von TNS Emnid / Seven One Media aus dem Jahr 2003 hat Wertewelten von Kernzielgruppen der bekannten Schnellrestaurantmarken untersucht (McDonald's, Burger King, Kentucky Fried Chicken, Nordsee und Pizza Hut). Sie fördert zur jeweiligen Positionierung dieser Marken die stimmigen Analysen zutage. So fand man heraus, dass die Kernzielgruppen der Fast-Food-Ketten (außer Nordsee-Kunden) auffallend materialistisch orientiert sind – besonders aber die von McDonald's. Dort sind Frauen und Männer zu jeweils 50% gleich oft anzutreffen. Man fand weiter heraus, dass Burger-King-Kunden in der Überzahl männlich sind (56%) und dort die materialistische Grundhaltung zugunsten individualistischer und kämpferischer Wertecodes schwindet. Während bei McDonald's Wertefelder und -begriffe wie „Treue", „Eigentum", „kaufen", „wertvoll", „weiblich", „Reichtum", „Gold" oder „erben" überbewertet wurden, finden wir bei Burger King Begriffe wie „angreifen", „kritisieren", „Labyrinth", „Sieg", „Gefahr", „Macht", „Krieg" oder „Geschwindigkeit" klar überbewertet.

Plötzlich wird alles klar.

Lodernde Flammen. Macht. Angst. Prometheus am Grill.

Altar der Zubereitung. Beuteschau. Kraftquelle. Transformation. Kochen und Braten sind religiöse Handlungen. Die Marke ist das Mammut.

Das Sieger-Geweih. Die Masse ehrt den Sieger.

Eine todsichere Positionierung. Je weiter die Positionierungsstrategie ins Stammhirn zurückgreift und dort Bilder abruft, um so langfristiger entfaltet sie ihre Wirkung. Der Neuro-Code einer Marke muss vor allem für die ältesten Hirnregionen entschlüsselbar sein. Im vorgedanklichen Raum, im Unterbewussten. Dort arbeiten uralte, verlässliche Dolmetscher.

„Tatsächlich unterscheiden sich unser Erbgut und damit unsere angeborenen Fähigkeiten kaum von denen der Cro-Magnon-Menschen, die vor etwa 15 000 Jahren lebten. Würde ein solcher Steinzeitmensch in den Straßenschluchten Manhattens überhaupt auffallen? ‚Der Unterschied, der in 15 000 Jahren entstanden ist‘, gibt de Duve* zu bedenken, ‚beruht ausschließlich auf kultureller Vererbung. Er liegt in der Ansammlung von Wissen, Technik, Kunst, Glaubensgrundsätzen, Sitten und Traditionen, erworben und weitergegeben von den etwas über 600 Generationen, die in dieser Zeitspanne aufeinander folgten."

aus: „Wie kommt die Welt in den Kopf?", Ulrich Schnabel und Andreas Sentker, rororo Taschenbuch, ISBN 3-499-60256-3

*Christian de Duve, Biochemiker und Medizin-Nobelpreisträger

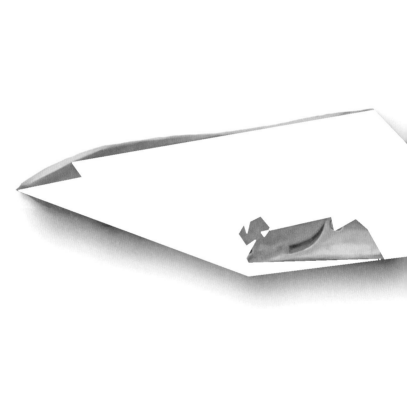

querdenker

Bei der Suche nach einem passenden Kaffeetassenmotiv für Querdenker gewann dieser Entwurf den ersten Preis. Damit stellen Querdenker erneut unter Beweis, dass Querlenken im Quadrat die sicherste Methode bleibt, atemberaubende Dreiecke zu produzieren.

Eine kniffflige Frage für Schwerdenker:
Was ist eigentlich am Geradeausdenken so verkehrt?

Kaffee. Dachte ich mir's doch.

kreativität ist kein kunsthandwerk

Meine alte Handarbeitslehrerin sagte einmal zu mir: *„Dein Kissen ist wirklich schön geworden. Aber ausstellen werden wir es lieber nicht."*
Zwanzig Jahre später traf ich sie auf der Beerdigung ihres Mannes. Sie fragte mich, ob ich das Kissen noch habe.

champagnerkotze

Das vermehrte Auftreten dieser Lachen deutet auf einen kräftigen Neubeginn hin. Partys sind zu Ende, wenn sich alle ausgekotzt haben. Frack und Ballkleid gehen in die Reinigung. Mit klarem Kopf lassen sich neue Architekturen entwerfen. Die Statik verändert sich, das Neue baut auf anderen Fundamenten. Der nüchterne Phantast wird zum Strategen. Managementliteratur ... auch da trennt sich jetzt Spreu vom Weizen. Konfettireserven schwellen an. Heißluft gerät ins Visier der Subventionsfahnder. Es ist ja alles da, wenn man's braucht. Nur hatten dreiste Frettchen die besten Sachen aus dem Programm genommen. Dividende auf Ignoranz: vorbei. Subprime-Intelligenzen mit mehr Gewinn als Umsatz: dubios. Mottenfraß am Kerngeschäftsmantel kommt nicht mehr ungestraft davon. Und überhaupt: Wir brauchen wieder Kerngeschäfte mit echten Kernen. Apropos „Kern". Es gibt kein schöneres Gefühl, als so ganz und gar bei sich zu sein.

mach dich nicht
zum lakaien

„Die Wirklichkeit der aktuellen Werbung ist so ernüchternd, dass sich die Kreativen mit der Scheinwirklichkeit von Festivals trösten müssen."

...

„Es ist der Selbstbetrug einer Branche, die sich für etwas feiert, das eigentlich gar nicht existiert, und dabei so etwas wie Phantomfreude empfindet."

Jean-Remy von Matt zum Jahrestreffen des Art Directors Club in Berlin 2009.
Spiegel Online, „Top-Werber von Matt attackiert Kollegen", 26.4.09

Jede Krise bringt es an den Tag: Die wahren Spielräume kreativen Handelns werden erst sichtbar, wenn den Meisten nichts mehr einfällt. Verbreitete Einfallslosigkeit bildet ein Vakuum – darin liegt die Chance für Kreative. Kreative sind keine Optimierer. Ein kreativer Gedanke ist unduldsam gegenüber einem zweiten. Das richtige Stichwort zur richtigen Zeit – der Funke, der Dritte inspiriert. Es ist das Werk eines einzelnen Geistes. Darin liegt sein Wert.

Kreative sind Befruchter. Sie finden die richtigen Bilder und Worte. Was daraus folgt, soll im

Gemeinschaftswerk entwickelt werden. Ein Gemeinschaftswerk ist etwas anderes als „Teamarbeit". Team-Bienen machen meistens viel Gesummse um nichts. Teams vermitteln das Gefühl von Geborgenheit. Dorf-Idyllen. Doch Kreative sind obdachlos. Ihre Gedanken sind im Team weder willkommen noch sehnt sich der Kreative nach einem Platz im Team. Denn die Idylle soll nicht gestört werden. Teams suchen die Idylle. Echte Kreative sind Zerstörer von Idyllen und gleichzeitig die Einzigen, die sie glaubhaft erzeugen können.

Es kommt nicht darauf an, ob es ein Team gibt. Es kommt darauf an, dass die Richtigen am Werk sind. Das können auch zwei sein, oder drei, oder vier. Bleib nicht allein mit deiner Idee. Aber wirf sie auch nicht Idioten zum Fraß vor. Hör auf, dich wie ein Zulieferer zu benehmen. Ohne dich funktioniert es nicht. Sei endlich nicht der, der du nicht sein willst.

befreie dich!

Kreative haben als Dauergäste in Agenturen nichts verloren. Sie sind Geister, die man ruft. Dann gehen sie wieder. Binde dich nicht, denn jede Bindung verringert dein Potenzial. Der Wert deiner Aktie ist deine Unabhängigkeit und der Umstand, dass du oft verhindert bist. Mach dich rar. Wenn du jedoch auf Sicherheit aus bist, schlag den Weg in die Gefangenschaft ein. Sie dauert nicht allzu lange – vielleicht zehn Jahre, vielleicht fünfzehn. Dann bist du aufgeraucht, und sie lassen dich ziehen. Danach bist du vogelfrei, und darfst dir fürs Friseurlädchen einen hübschen Slogan ausdenken. Im Façonschnitt dem Sonnenuntergang entgegen.

Fang endlich an, über deine wahre Bestimmung nachzudenken. Du bist viel erfolgreicher, wenn du deine Kreativität für eigene Ziele einspannst. Scheiß auf den Mist, den du dir in Agenturen ausdenken musst, damit irgendwelche Versagerfirmen noch ein paar Jahre länger versagen dürfen und die Versager an deren Spitze noch ein paar Jahre länger ihre Einfallslosigkeit von Buffet zu Buffet schieben können. Warum solltest du irgendwelchen Marktautisten deine Fähigkeiten verhökern?

Weil sie dich dafür bezahlen? Dieses Geld zahlt dir auch jemand, der dich schätzt: du.

Warum investierst du deine besten Jahre in eine Agentur, die mit deinen Ideen irgendeinen Konzern füttert. Du bist das größte Rad am Wagen, aber kommst nur ein paar Millimeter von der Stelle. Deine Ideen sind das Schmieröl für die Einfalls- losen. Du schmierst ihre kleinen Karriererädchen. Für dich bleibt der abgetickte Sekundenruhm und vielleicht ein dämliches Foto in einer Branchenpos- tille. Befreie dich endlich. Schau dich um. Entdecke die Möglichkeiten.

hör auf,
dein vermögen
zu verschleudern

Kreative sind nicht auf Agenturen angewiesen – sie waren es nie. Die seltsame Fixierung Kreativer auf Werbung zeugt von einem bestürzenden Mangel an Phantasie. In Agenturen wirst du zum Leierkastenäffchen dressiert. Das soll kein Vorwurf sein. Sie müssen dich dressieren, denn das Ziel einer Agentur ist es, ihre Kunden zu beglücken, nicht dich. Aber das musst du wissen, bevor du dich auf Werbung und Agenturen einlässt. Sie nehmen dir die Frage nach dem Sinn nicht ab. Im Gegenteil. Sie lehren dich, dass Sinnlosigkeit einen Zweck erfüllt. Ist es das, was du schon immer lernen wolltest, ja? Das kannst du billiger haben.

Werde endlich erwachsen, und mach dich selbständig. Wenn jemand das Potenzial dazu hat, dann du. Statt Dinosauriern für ein Frühstückchen die besten Ideen zu liefern, könntest du die ganze Energie ins eigene Geschäft stecken. Es muss nicht „Werbung" sein. Du bist im Vorteil und spielst ihn nicht aus.

Gründe deine eigene Marke. Mit deinen Gaben für Worte und Bilder kannst du dich selbst groß rausbringen. Wer kreativ ist, hat was Besseres zu tun, als sein Talent in der Werbung zu verplempern. Du bist doch nicht blöd.

Es gibt zigtausend Agenturen oder ähnliche Gebilde in Deutschland, die sich mit Werbung befassen. Irrsinn. Die Wenigsten, die sich mit Werbung befassen, kommen nie auch nur in die Nähe einer echten Marke. Gründet doch selbst eine Marke. Werdet eine Marke. Ihr wisst doch, wie es geht, oder? Also! Warum lauft ihr den Großen hinterher? Ihr erwischt sie mit viel Glück am Rockzipfel – wenn überhaupt. Geht endlich raus aus der Werbung. Sie braucht jetzt viel Ruhe und Besinnung. Ihre Gedanken sind so verbraucht wie ihre Auftraggeber. Ihr könnt sie auch nicht mehr retten. Draußen wartet euer eigener Garten. Gießt ihn.

outro